AF312853

¶ Petit traicté

pour congnoistre la difference des pechez
mortelz et pechez venielz.   iij f

ui bien considere la bō
te de dieu enuers nous
Il a cause grandement
le regracier Et louer.
Car combien que de ri-
gueur de iustice nous
deussions incessāment
le seruir au myeulx que
nous pourrions sans cesser. Neantmoins
pour compassion de nostre fragilite il a vou
lu estre contēt de nous bailler certain nō-
bre de commandemens/et en certain temps
lesquelz se nous accomplissons:nous aurōs
sa grace et luy souffit/ Et gaignons para-
dis. Combien que se myeulx faisons plus
grandement nous remunera. Si est necessaire scauoir qui sont ses commandemens
quilz nous obligent et quelz non . Car autrement nous les transgresserions legiere-
ment par ignorance ou en Les voulāt gar
der nous aurions continuellemēt trop grāde doubtance de les trespasser et feriōs dou
te ou elle ne seroit a faire parquoy nous per
derions toute paix de conscience:en cuidant
que ce fut pechē de non pechē/ Et au cōtrai
re que ce fut de non pechē/pechē et combiē

que onne scauroit donner reigle especialle en
to?cas quāt vn faict seroit peche mortelz: et
quant non / touteffoys on peult bien bailler
aucuns enseigneme s en gener l par les
quelles on peult bien iuger des faictz epe
ciaulx.

La declaration generel
le qui est peche mortel
ou veniel.

Ar premierement entre les au
tres commendemens de dieu /
aucuns sont que debuons faire
ur peine de perdre sa grace / et
dencourir la mort parburable.
Et sont ceulx qui garde deue subiection a
dieu et charite entre les hommes. Comme
non tuer son prochain innocēt a non oster le
bien a force. Les autres commendemens et
ordonnances sont qui ne nous obligent
si non a peine temporelle. Car les trans
gresser ne faict pas rompre la subiection
que nous deuons a Dieu. Ne perdre la
charite que nous debuons aux hommes
faire contre les premiers commandez

mens est peche mortel:et faire contre les au
tres ordonnances est peche veniel . Ainsi q̃
vous veez que le roy faict aucuns comman
demens sur peine de mort et aucuns sur pei
ne temporelle:comme dargent/ ou de prison
a temps.

¶ Commēt en tous pechez peult estre trou
ue peche veniel seullement.

L'On transgresse aucunesfoys vng
commandement par deliberation (
certaine science et cōsentement ep-
pres.Aucunesfoys non/mais ou ignorance
ou de premier mouuement ce que la person
ne y cōsente totallemēt.Et en ce cas nest cō
mādemēt si estroict que on ne puisse aucunesfoys le trengresser sans pecher mortelle-
ment.Pource que plain consentement est
ce qui faict le peche principallement.Ains
appert il que les sept pechez mortelz . Cest-
assavoir orgueil/Envye/Jre/Avarice/pa
resse/Luxure/et gloutonnye on ne les ap
pelle point mortelz comme si on vouloit dire que tout orgueil et toute avarice: et ain-
sy des autres soit peche mortelz : mais est

souuent veniel:comme ie diray tantost.

¶Quant vaine gloire est peche mortel ou veniel.

Aine gloire de soy nest que peche veniel: car vng faict sil est vain nest pource mortel : mais vaine gloire est peche mortel pour deux raisons. Premierement ou pour la fin pourquoy on quiert vaine gloire. Ou secondement pour la matiere et le faict auquel on quiert vaine gloire. Quant a la premiere cause est assauoir que on peut querir gloire quatre fins Premierement pour euiter mauluaise renommee:comme se on dit que ie soye larron ie puis bien dire le contraire et vouloir que on sache que ie suis autre. Et touteffois ce cy ne se peult faire sans ma louenge. Et icy nest point de peche:mais quil ny aye autre intention corrumpue : mais est on tenu a la foys de ainsi querir louenge/et est prudence et iustice. Secondement on peult que querir louenge ou gloire pour aucune proffit spirituelz ala gloire de Dieu et a ediffi

cation de son prochain/comme sainct Pauß
Et qui bien scait faire cecy en temps ¿ en lieu
sans autre mauuaise pensee il merite gran-
dement/mais est fort difficile que gens peu
fondez en humilite saichent bien faire cecy/
par especial en publique iacoit ce que facille-
ment le puisse acomplir en secretz parlemés
entre amys qui congnoissent lung lautre
deuotement et purement:et reuelent leurs
biens faictz aucunesfois pour conseil auoir
ou bailler consolation. Tiercemét on quiert
gloire pour auarice ou pour auoir pl⁹grant
congé et liberte de faire mal et decepuoir.
Et icy est peche mortel pource que la fin est
peche mortel. Ainsi est par tout. Quartemé
quiert vaine gloire ou louenge pour aulcune fin qui nest que peche veniel. Come lon
prent aulcune vaine plaisance en sa louenge et icy est peche veniel seullement pour
ueu que autre mal ne si mesle. Quant a la
seconde cause qui rend vaine gloire pech
mortel / cest loeuure et matiere en laquell
on quiert louenge. Et se fait cecy en troy
manieres:car ou loeuure est mauluaise d
soy est peche mortel et icy nest point doub
que querir gloire est mauluais peche mo

tel comme querir gloire de tuer vng preud=
homme de bouter feu/de rauir femmes / de
villenner autruy et prendre vengeance de
luy a tort. Ou loeuure est bon de soy côme
de faire aulmosne/ieusner/prier dieu/et icy
fault regarder côment onquiert vaine gloi
re:ou pour fin principalle/ç est peche mortel
car la bonne oeuure selon droict et raison ne
doibt estre orddne en pire oeuure comme en
fin principalle.
Parquoy est peche mortel selon les Do=
cteurs prescher pour gaigner son viure prin
cipallement/ç toutesfois lung et lautre est
bon de soy / mais lordonnance est peruer=
tie: Mais se la vaine gloire suruient audit
oeuure vertueulx non point comme prin=
cipalle fin ledit oeuure ne laisse point a estre
meritoire et agreable a dieu. Neantmoins
si est il tresutile oster et chasser ladicte vai=
ne gloire tant comme on peult: affin que
tout soit plus purement faict. Et tant plus
cecy doibt euiter es biens spirituelz que tem
porelz daultant que les spirituelz valent
mieulx que les temporelz. ¶Finablement
loeuure peult estre indiferente: Cestadire
que de soy ne est ne bonne ne mausuaise/
A iij

comme auoir robbe nouuelle ou richesse/ou
beaute. Et entelles chosesauoir gloire nest
point mortel de soy:mais ilz peuuent aduenir
nir daultres perilz que on doibt euiter:com
me se vne femme scet que par ses robes elle
donne cause de faire pecher aultruy: ou par
son beau parler ou par monstrer trop sa be
aulte:ou par bien danser/elle est tenue de se
abstenir. Et aucunesfoys leglise deffend
telles oeuures comme tournoyemens : ou
dances en certain temps et lieux. Je ne ditz
point que on soit tenu euiter toute occasion
parquoy autre pourroit pecher / car cela est
impossible mais on ne doibt rien faire affin
de induyre aultruy a peche par folle plaisan
ce ou par fol desir ou autrement. Et se on
voit certainement que on donne cause a au
truy dainsi pecher:on sen doibt garder selõ
son pouuoir.Ainsi pour resolution vne fem
me ne se doibt point deffigurer ou se vestir
dung sac ou non iamais au moustier:iacoit
se quelle saiche que aucuns soubz la couuoi
tent follement:mais touteffoys luy en doit
desplaire. Par ce que dit est peult on scauoir
quant ypocrisie et vantance sõt pechez mor
telz.

℃ Quant orgueil autre-
ment dict inobedience est
peche mortel ou veniel.

N peult auoir orgueil
enuers Dieu ou par ce
que on cupde auoir les
graces que on na point
ou par ce que on les cui
de ou veult on auoir
de soy mesmes/cestassa
uoir par sa sagesse ou
force ou beaulte:ou par ce que on les cupde
auoir par ces merites et bonnes oeuures cõ
me se Dieu fut tenu de ainsi faire : Et que
autrement il feroit iniustement: comme se
Pharisien qui rendoit graces a Dieu de ses
biens:ce qui estoit bien faict:mais il failloit
en ce quil se esiouyssoit que les aultres ne
les auoyent pas comme se publicain . Et

cestoit cler signe quil reputoit que ses biens
fussent de luy et non poinct de Dieu seulle=
ment:car autrement il ne senfust nomplus
glorifie que se telz biens eussent este en aul=
truy. En ses trois cas tousiours est orgueil
pecche mortel se deliberation a plain consen
tement y est. Notamment se il ya plain con
sentement:car se il nya parfaicte deliberati
on le pecche peult estre veniel. Côme au pre
mier cas est presumption qui peult estre pe=
cche veniel seullement:quant elle vient par
ignorance:ou que le cuyder nest point cer=
tain. Comme vne personne peult bien pen=
ser quelle est bien confessee ou repentât par
ce quelle a son apparâce bonne: iacoit ce qui
peult estre quil nen soit riens. Si est le plus
seur de non soy asseurer simplement en telz
choses:que tousiours on nait paour raison=
nable de iugemens de dieu et de sa fragilite
En ce pecche Sainct Pierre qui asseuroit
quil mouroit pour Jesuchrist. Et ainsi sôt
plusieurs qui cuydent quilz feront merueil=
les encontre temptacions. Et est bien a cô=
siderer en ce pecche icy/et aux autres que au
cunesfois on iuge bien et le dit on que tout
on a de dieu et que sans luy riens ne vault=

ſoit: et touteſfois on faict tout au contrai
re: pource que la Bolunte neſt point ſembla
ble au iugement. Et peult on dire a telz
gens quil ſe iugent eulx meſmes de
leurs bouche: car ſe tu dis que tu
astout de dieu pourquoy te glo
rifies tu, et en meſpriſe aus
truy: côme ſe tu leuſſe
de toy: cecy nous De
ons clerement en
luxu re que la
perſonne
iuge
a ſcet biê
que telle cho
ſe eſt peche
Et ſi
pourtant
commet ledit
peche. Si fault ſef
forcer que lentendemêt
et la Boulunte ſoyent touſ
iours dacorb en bien, tout pra bien.

℟ Quant iuger autruy eſt pes
che et quel.

Iuger aultruy vient dorgueil si
peult ce iugement estre fait des
oeuures daultruy ou de sa persone mesme: et cecy en deux ma-
nieres. Lune par certitude et asseurance laul-
tre par seulle presumption legiere et suspecti
on. Iuger fermement la persone estre mau
uaise enuers Dieu et a bon droict debuoir
estre dampnee est peche mortel/et contre la
boute du sainct esperit qui en vng moment
la peult faire bonne: comme il a faict sainct
Paul et plusieurs aultres/et peult aussi la
personne se repentir en lheure. Parquoy est
follement et iniustement iuge de ce que on
ne peut scauoir: et que on doibt plus tost in-
terpreter en bien que en mal: mais quãt les
oeuures sont de soy tellement mauluaises que en nulle maniere elle ne peuuent e-
stre bien faictes ne par bonne intention ne
aultrement. Icy peult on bien iuger certainement quelles sont mauluaises: et que laul-
tre faict mal. Se les oeuures sont indife-
rentes ou telz quelles se peuuent bien et mal
faire iuger de certain quelles sont mauluai
ses(sil nappert aultrement) est peche mortel.   Car on doibt aussi tost ou plus

iuger le bien que le mal puis quil se peult
bien faire . Mais en ce cas et en autres on
peult bien auoir sans peche mortel aucunes suspitions et iugemens legiers combie
quil le faict bon euiter. Et se doibt on bien
garder que en tel cas on ne mesdise ou diffa
me aultruy pour telz presumptions legiers
et suspitions:et par especial en les affermāt
plus que est de droit ou contre Le grant biē
dautruy comme a faire mourir vng homme il conuient auoir tres certain iugement
et ainsi de luy faire perdre la paix et trans-
quilite interieure ou sa bonne renommee
mais en petit dommaige nest pas tel perilz.
Selon ce qui est dit icy et par autant peult
on scauoir quāt auoir desdaing de son prochain est peche mortelou non. Et parce qui
se dira en enuie et ire . Et est assauoir que
iuger ses souuerains est trop pis que iuger
pareilles ou inferieures.

Ontennement ou mesprisement de
ses souuerains:et par ce a eulx non
obeyr est peche especial dorgueil:Et
est touſiours peche mortel quant par certai
ne science lon transgresse leurs commande
mens principalement ou seulement pour
ceste cause quilz les ont faictz . Car ceſt icy
proprement contempnement ou quant on
mect a nonchaloir et ne fait on aucune esti
me de leurs commandemens non plus que
silz ne les euſſent point fais : ⁊ par ce lon y
deſobeiſt mais quant lon trangreſſe les cõ=
mandemens de son souuerain par aucune
fragilite ou par aultre cause ce neſt point a
appeller peche par contempnement . Et ce
cy est tresagreable a conſiderer par especial
entre les religieulx : et generalement en=
uers tous commandemens faict par hom=
me:car souuent trangreſſer leurs ordonnã=
ces et reigles|neſt point peche mortel: car
dire autrement seroit trop dure choſe: mais
quant mesprisement tel comme dit eſt y
Vient nya point dexcusation de peche mor=
tel.Et icy deuons ſcauoir que nous ne ſom
mes pas tenuz a noz souuerains fors es cas
aux quelz ilz sont noz souuerains / et es=

quelz par lordonnance de Dieu ou par no
stre volunte nous y sommes soubz mis:
car se mon euesque me commandoit entrer
en religion ie nen feroys rien se ie ne vou
lois ou se ie nauois publicquement faict pe
che qui ainsi leust desseruy: ꝗ ainsi fault di
re des abbes/des seigneurs temporelz et des
peres et meres.

      ¶ Quant enuye est peche
             et quel.

Enuye de soy est peche mortel car el
le est contraire a charite pourcequel
le a douleur du bien dautruy et ioye
du mal. Toutesfois est a considerer que en
uye vient aucunesfois de mouuement na
turel comme aucuns de leur nature corrom
pue sont enuieulx: ainsi comme nous ves
ons entre les chiens. Et semblablement
des autres bttes. Et tel mouuement denu
uie nest point peche. Car il nest point en
nostre puissance. Et ainsi ie dy de tous
mouuemens que nous auons de nature
quant parfaict. ¶ Consentement ne si ad
ioustent point. Secondement enuie sur
uient aussi aucunesfois par aucune deli
beration qui nest point parfaicte ou acom

plie. Et se on appelle premier mouuement
iacoit que lon ne loste point si tost comme
on pourroit bien mais pourtant on loste a-
uant que lon y ait Plain consentement / et
commence a desplaire. Et icy nest que peche Veniel. Et generallement ainsi est tous
pechez. Tiercemēt douleur du biē dautruy
peult aduenir sans enuye : cestassauoir
quant la douleur est pource que tel bien re-
uient ou dommaige du peuple ou Dautre
bonne personne qui ne la point desseruy: cōme se Vng mauuais homme a grande puis
sance par laquelle y face mal / Lon peult estre triste de ce quil a telle puissance. Quartement douleur du bien dautruy Vient par
Volunte deliberee et de certaine Science
et sans bonne cause : et icy est tousiours peche mortel. Par ce nous scauoir quant detraction est peche mortel ou non. Je appelle detraction mesdire dautruy par haine ou
enuie. Car se on mesdit dautruy par bonne
fin pour empescher quil ne face mal ou pour
sa correction ou pour cause de son office faire bailler Tesmoingnage a Verite ce nest
point peche se autre mauuaise Volunte ne
se mesle. Et se on fait cecy seullement par

aucune legierete de parler: côme tressou-
uent q le mal que on dit ne tourne poinct
a grant dommage Dautruy ou de sa renommee cest peche Beniel Mais le dommage pourroit estre tel Que legierete
de parler ne excuseroit point: car on se
doit garder de legerement parler quant
il tourne a grant dommage dautruy pa
reillement pouons nous Beoir que en se
mocquer dautruy ou que en le mauldire
est peche mortel ou non selon le mal qui
en Bient et lintentiõ de celuy quil ce fait
et le courroux q lautre enprent ou peult
prendre Bray semblablement et raisona
blement.

CQuant Ire est peche/ q quel.

IRe de soy est peche mortel: car Ire
est desir de Begeance q de mal Bouloir a autruy: q est chose côtraire a chari
te. Toutesffois côme est pdit on doibt icy
pfidere q aucunesfois Ire Biêt pour bon
ne cause q a bône fin, est quât on se cour
rousse contre les Bices non poit qtre les
personnes et ainsi on se doit courrousser

contre les pechez ꝛ côtre les pechez dautruy chascun selon son estat ꝙme les iuges ꝙ doiuẽt pugnir les malfaictz ꝛ chascun se doit en tẽps ꝛ en lieu mettre contre les maulx quil Boit faire soit par bônne exhortatiõ ou autre telle. Maniere. Jre aucunesfois nest.ꝙ petite ou nulle afficiõ ẽuers autruy cõe quât on ne luy Beult ne biẽ ne mal. Et icy faulte ꝛ diminutiõ de charite / Et nest point pecche mortel se nest quant on Boit sô prochain en derniere necessite. Car lors on le doit ayder Sur peine de pecche mortel se on le peut faire. Jre aucunesfois ne Biẽt fois que de complexion natutelle comme gẽs anciens ꝛ mesecolieux sont de leur natu re Jrenlx ꝛ courrousses ꝛ cest Jre nest point pecche. Jre aucunesfois Bient par monuemẽt soubdain ꝛ deliberatiõ imp̄ faicte/et adonc nest ꝙ pecche Weniel mais selle Bient ꝑ consentement parfaict est pecche mortel. Aucunefois Jre nest point desir de Bẽgeance mais est Bne Jmpaciẽce du fait dautruy sans ce que on luy Bueille ou desire mal. Et icy nest point ꝑpremẽt Jre ne pecche mortel se limpaci

ence nestoit telle quelle Empeschast du
tout raison a faire autre biẽ En autre
est a considerer q̃ on peult biẽ desirer que
le malfaict daultruy soit pugni p̃ droict
et p̃ les Juges a ce ordonnez/ꝗ affin que
on ayt son droict. Et icy nest point pechẽ
mais que mauuaise volunte ne si met
te:cest a dire mais que on ne desire poiut
plus le dommage daultruy que rauoir sõ
droit:et selon ce que dit est peult on iuger
quãt menacier ou vilener autruy par ire
est pechẽ mortel ou nõ:selon ce que p̃ tel
les choses on prent vengeãce et nuyt on
a son prochain Et qment mauldire aus
truy par deliberation en luy priãt et luy
souhaytãt mal est grand pechẽ/Et com
ment maugreer et blasphemer Dieu et
ses sainctz et les despiter et Renyer a cau
se de soncourroux estblaspheme ꝗ vilaiñ
pechẽ mortel si la personne scet ou doibt
scauoir ce quelle dict.

P Aresse de soy nest poit pechẽ mortel
car ce nest que ennuy de bien spirls
B ij

tuel. Et pͥ ainſi neſt que diminutionͥ de
ferueur de charite. Si ceſt enuy de biͤ
ſpirituel:il eſt laborieux:adonc eſt natu
rel:car nature de ſoy refuyt labeur et ce
neſt point pecᷠe enſtant q̃ tel mouuemͤt
neſt point en noſtre puiſſance . Et ſe on
conſent a tel mouuement encore neſt q̃
pecᷠe Beniel:car pour reigle generalle
ſeul conſentement a ce ſeullement q̃ neſt
que pecᷠe Beniel de ſoy neſt que pecᷠe
Beniel:mais ſi ceſt ennuy eſt tel que par
iceluy on laiſſe a faire ce a quoy on eſt te
nu par cõmandement ceſt pecᷠe mortel
Du ſi lennuy eſt tel que on y pregne
deſplaiſir de Biure: et que par ce on chet
en deſeſparation : comme font ceulx qui
ſe tuent. Icy eſt pecᷠe mortel. Selon ce
peult on conſidere quant Pareſſe en di
ſant ſes ᷠeures ou en oyant meſſe eſt pe
che mortel ou non . Car ſe on eſt tenu
de dire aucunes choſes par cõmãdement
ou par Beu q̃ par pareſſe on le laiſſe a di
re ceſt pecᷠe mortel. Se on en laiſſe au
cunes petites parties / ou ſe on faict au
cunes legieres faultes py mal entendre
ne fault point dire q̃ touſiours ſoyt pe

ße moztel. Et cõßien ǭ se soit ßõ p entz̃-
ßze touteffois se on ne sempescße de certain propos a p non entenbze pour faire
autre chose ǭ du tout oste lintention soit
en penses ou en parler ou en ǭlque oeu-
pze:il ne fault point recommencer:ǎ nest
point pecße moztel cõßien que on pẽse ail-
leurs:mais se par certaine deliberatiõ en
bisant ses ßeures on appercoit ǭ on sempescße de p entenbze ǎ p Beult on ainsi de-
nourer et ainsi sempescßer il fault recõ-
mencer:car on ne sẽ acquite point/car on
ste le ßon propos que au commencemẽt
be dire ses ßeures pour faire son debuoir
a seruir Dieu. Et est assauoir que toute
personne cßzestienne daage raisonnable
boibt ouyz messe les dimenches et festes
commanbees de leglise se elle na eẽcuse
raisonnaßle selon lozbonnance et coustu-
ne du pays ou elle est et que les pzelatz
ouffrent et ozbonnement.

⸿ Quant auarice est pecße et quel.

Auarice est desozbonne desir dauoir
aucune chose:ǎ estaucunessoys en
recepuãt/aucunessois en acquerãt/aucu-
nessoys en desirant. On desire aucune

chose en cinq manieres . Premieremen
le bien dautruy tellement que on le pre
droit qui pourroit. Et icy est peche mor
tel qui est larcin de pensee. Secondemen
on desire chose illicite par certaine scien
ce et propos delibere:comme vne person
ne indigne desire auoir vne preuoste/ o
este iuge a quoy il se sent ou doibt sent
estre inhabile et suffisant. Et icy est pe
che mortel. Tiercement on peult desire
ou lautruy ou chose illicite par volunt
non absolute : mais soubz condition ex
presse ou entendre côme en disât ie vou
droye auoir telle ou telle chose se ie la po
uoye auoir sans courroucer dieu ou san
dommaige aultruy:ou se ie en estoye di
gne. Et icy nest point peche ou il est ve
niel. Et ne fault point que tousiours on
pense a la condition:mais il souffist qu
on luy entende. Et est a entendre aus
que par telz souhaitz ou desir on ne lais
se point a faire ce que on debueroit fai
re de bien ailleurs:et que on nengendr
point en son cueur mauluais mouue.
mens que on ne puisse oster comme il ap
tient en ce peche dauarice / Et plus a

pecße de luxure:car en tel cas peult estre
pecße mortel. ¶Quartement on desire
choses non necessaires et superfluues par
desirs trop ardans.Et telz que la pensee
sempescße du tout de penser a son salut.
Et icy est ¶Couuoitise et sollicitude tres=
mauluaise qui est en leuangille deffen=
due/et est pecße mortel. ¶Quintement
on desire a auoir par grant amour:mais
non point tel que on Boulsist courroucer
Dieu/ou laisser penser a son salut et icy
est pecße Beniel/et pourra estre lamour
si attrempe que ne sera point pecße:mais
merite selon la bonne fin.Auarice en ac=
querant est en plusieurs manieres. On
acquiert aucunessois par iniustice ef frau
des et Boyez illicites. ¶Et est icy pecße
mortel:quãt lart par lequel on achert est
de soy pecße mortel:cõe en pariurant ou
en trãsgressant les cõmandemẽs de dieu
comme est des folles femmes / des Bsu=
riers / faulx marcßans qui mentent et
iurent leurs marcßandises estre aultres
quelles ne sont:aussi comme es ieux def=
fendus quant on laisse faire son deuoir
es dimencßes doupr la messe pour mar=

B iiii

changer se autre chose ne les eycuse:com
me peult estre en aucun cas on requiert
aucunesfois que par moyens qui ne sont
que pechez veniels comme par parolles
oyseuses et ioyeuses et mensonges pour
faire rire les seigneurs et icy souuentes-
foys peult estre seullement peche veniel
Et se aucuns faisoiēt cōme sont les me-
nestriez:bateleurs et ioueurs dappertise
pour gaigner leurs vies/pource quilz ne
scauent autre mestier. Je ne oseroye dire quilz fussent hors de lestat de salut?
Car les seigneurs pour oster leurs me-
lencolies ǵ leurs suruiennent a cause de
la grāde charge ǵlz ont prennent leurs
esbatemens et soulas en telles choses/ et
aussi fait aucunesfois le peuple: Auarice aussi est en retenant: car se on retient
lautruy en son escient et contre le gre de
celuy a qui la chose est: tellement que si
le scauoit il ne luy desplairoit mie et na
on point volunte de la rēdre en tēps et en
lieu icy est peche mortel/ mais se la chose est telle: et a tel deue que iay fiance certaine que point nauroit desplaisance que
ie leusse et men aydasse ou que a present

ie nay point dequoy sãs trop grant grief
de la rendre ⁊ lautre nen a point grãt dõ=
maige et ay volunte de la rendre en tẽps
et en lieu. Icy nest point peche mortel en
retenant .   Secondement on peult rete=
nir ce qui est de necessite a soy ⁊aux siens
selon ce quil appartient a son estat et a sa
dignite et au faict quil maintient iuste=
ment:et icy nest point de peche . Tierce=
ment on retient choses superfluez: ⁊ qui
de rien ne proffitent a sa necessite ou a sõ
estat:et icy est souuẽt peche mortel ⁊ par
especial quant cecy se fait par vng ardãt
desir dauoir et acquerir que il ne se peult
saouller et est signe ce quonayme mieux
que la chose perisse et se gaste que on la
baille a prouffit:mais la mode de retenir
telles choses non necessaires peult estre
si petite que ne seroit que peche veniel.
Et par especial se lors nappert homme
pource qui soit en peril de mort qui ne le
secourra:Car lors est tenu delayder tãt
de superfluitez comme de ce qui est necef
saire quant a lestat maintenir : Et non
point de ce qui est necessaire simplement
a viure. Car ie me doy myeulx aymer

et ma vie que aultruy. Et icy est dõnee
reigle generalle quant on doibt faire au
mosne sur peine de peche mortel :   Cest
quant on voit aultruy en peril de mort
et ne voit on point commẽt il sera secou
ru par autruy : On est adonc tenu le se
courir se onle peult faire sans soy mettre
en peril tel cõme lautre est qui se nomme
en extreme necessite.

CQuant gloutonnie est peche et quel.

Gloutõnie est desir ou appetit desor
dõne de menger. Et est de soy peche
veniel:et peult venir en cinq manieres:
Aulcunesfoys cest appetit ou desir est tãt
seullemẽt de nature. Car naturellement
on desire menger et boire quant on a fai
ou soif et en ce ne est point de peche ne en
la delectation qui est manger naturelle
ment:car ce nest point en nostre puissan
ce. Secondement oultre cest desir on ad
iouste aucunesfoys desir voluntaire et
plaisir en la delectation. Et icy est peche
veniel . Tiercemẽt quãt par cest appetit
on transgresse aucuns cõmandemens de
dieu oude leglise par gloutonnie:comme
les ieusnes ordõnez icy est peche mortel.

mais quant la personne se greueroit grã
dement en ieusnant ou pour sa Vieillesse
ou pour sa maladie ou par trop grande
ieunesse:ou pour son labeur qui luy est
necessaire ou pource que elle na point des
quoy auoir son repas a Vne foys ou pour
ce q̃lle a lenfant q̃lle nourrit:en ces cas ꝗ
semblables nest point tenue la personne
a ieusner : mais pecheroit aulcuneffoys
selle ieusnoit pour ce q̃lle greueroit trop
sa nature et complexion . Quartement
quãt on prẽt tel plaisir en mengeant que
on le propose a lamour de dieu cest adire
que on trãgresseroit auant le cõmande
mẽt de dieu que on se abstint de menger
Icy est peche mortel:cõme se Vne person
ne pour son menger Veult rauir lautruy
ou ne Veult aller ꝗ leglise ou quant il de
ueroit y aller il laisse a son essient faire
aulcuns des commandemens de Dieu
par trop soy remplir ou enyurer . Et icy
scet on quant purongnerie est peche mor
tel ꝗ quant non. Car se la personne chet
en purongnerie daduanture par boyre
aulcunement plus que raison:Ou plus
fort Vin quelle ne cuidoit: Cest peche Ve

niel:mais si la personne appercoit bien et
scet le mal qui vient de senpurer/ que nez
antmoins par glou tonnie seniurer sciète
ment:elle pesche mortellement. Et ainsi
faict celuy qui enpure autruy par sa ma
lice ꝗ pour son mal cōe pour le decepuoir
ou pour le diffamer . Et est a cōsiderer ꝗ
si la personne est tenue par veu ou par cō
mandement general de leglise ou par pe
nitence de ieusner et il luy suruient aul=
cun des empeschemens dessusdict par le=
quel elle se greueroit cest bon que elle de=
mande conge de non ieusner a son prelat
ou aumoins a son cure ou a son confes=
seur(se conuenablemeut le peult faire)
pour auoir plus grande seurete.

⸿Quant luxure est pesche et quel.
Lxure de soy est contre le cōmande
Il ment de dieu et se fait en plusieurs
manieres:car aucunesfoys elle nest ꝗ au
ꝑmier mouuement de la pensee:ꝗ icy est
pesche veniel pource ꝗ consentement ny
est point parfait. Secōdement on peult
auoir parfait cōsentemēt a la delectation
qui est au fait de luxure lequel seroit pe=
sche mortel:ꝗ icy est pesche mortel. Ce qui

peult auſſi aduenir aux autres pechez.
Comme vne perſonne ſe pourroit dele-
cter q̃ ſon ennemy auroit grãs douleurs
et meſchiefz quelle pecheroit prends quel
le ne voulſiſt point faire tel meſchief a
ſon ennemy. Ainſi la pſonne peult pẽſer
a la delectatiõ que ont ceulx q̃ pechent
par luxure et en ce prendre ſon plaiſir par
delectatiõ ſi. Darfaicte quelle pechera
mortellement : iacopt quelle ne voulſiſt
point faire telz oeuures. Autre choſe ſe
roit ſe la perſonne prenoit ſon plaiſir en
delectatiõ qui de ſoy ne ſeroit que peche
veniel: car cõ ſẽtemẽt a peche veniel neſt
que peche veniel. Tiercement on peult
auoir pfaict g̃ſentemẽt a oeuure charnel
le hors mariage: ⁊ icy eſt touſioᵘs peche
mortel / Quartemẽt on ne tiẽt point aus
cũeſſois ſeullemẽt la mauuaiſe volunte
charnelle en ſon cuenr mais la nourriſt
ony dehors en veoir/en pler/ en toucher
ſoy ou autruy: ⁊ icy eſt touſiours peche
mortel: cõe la volunte de quoy telz faitz
viẽnẽt eſt peche mortel ais appt il quãs
pechez mortelz on faict ſouuẽt quant on
tiẽt mauuaiſe volũte ⁊ pͬ ſpecial es dau

ces ꝯ autres festes: autrement faudroit
dire se on nauoit point mauuaise Bolūte
ꝑ deßãs: car Beoir la beaute dune fẽme
se peult faire sans pecße ou ꝑ seulle cu-
riosite: ꝯ doibt aussi la personne euiter ꝗl
le ne dõne occasion de pecße a autruy ꝑ
sõ regard ꝑlet ou atoucßemẽt car icy seroit pecße: ꝓnez que on ne Boulsist point
pecßer cßarnessemẽt. Et aussi on doibt
euiter ses perilz qui Biennent par Telz
mauuaise monuemens: Quintemẽt on
peult ꝑenfer au pecße de la cßair Pour
sen ꝯfesser ou pour leuiter ou seulement
par condition en disant que ce nestoit le
commandement de dieu ou feroit telle
cßose et telle: dicy nest point soluuent pecße ou nest que Beniel mais que tãt seul
lement on se gard e de mauuais consentement contre la loy de dieu et que la pẽ
see trop ne sen flamme.

⸿ De mentir quel
pecße cest.

ⱃEntir au grãd dõmaige dautruy
est pecße moꝛtel. Mentir par esba-

tement ou pour aucuṇ profit sans le dõ-
mage dautruy est pecße Beniel:ȝ est af-
scauoir que oṇ peult bieṇ celer Berite sãs
mẽtir et sans pecher mais tous mẽnson-
ges sont pechez pource quoṇ abuse de la
parolle ȝ est ordonnee a declarer ce ȝ est
au cneur ȝ principallemẽt pour ce que ȝl
donroit cõge de mentir sans pecße il des-
struiroit toutè loyalle compaignie entre
les ßõmes:car oṇ ne scauroit quãt oṇ di
roit Berite:ȝ quant noṇ:puisque oṇ pour
roit mentir loysiblement eṇ aucuns cas
quãt es oeuures õṇ peult bieṇ faire aucune cßose pour autre intentioṇ que ne
le prendront ceulɔ ȝ le Boyent affiṇ que
oṇ se cele pour certaiṇ cas:cõme sont les
embucßes que oṇ faict es batailles

☙ De iurer:ȝ quant pe-
cße mortel.

☙ Jurer faulɔ sciẽmẽt est eṇ to⁹ cas pecße mortel. Soit par ieu ou autrement
mais se par inaduertãce ou legicrete de
perler oṇ se pariure:ce peult estre pecße
Beniel:cõbieṇ que la mauuaise coustu-

me ne excuse point ceulx ã par icelle sey
iurent. Si appert il côme grant mal es
de se acoustumer a iuremens. Et se prêt
le iuremêt a lintêtiõ de celuy a qui on le
faict:ã que on le prent en lusage cômu
car qui p art faulx iure:par art se piure.
Et quant au iurement de choses aue
nir la psõne lorstãtost se piure:côme elle
a Bolûte ferme de la nõ acõplir ou quel
le ne la complit point de faict.

⁋ De correction fraternelle.

On est tenu surpiene de peche mor
tel corriger p bõnes polles ou au
trement son pchain quant on le
scait faire mal: ã tiêt pour certain ã par
ceste correction que on luy fera il se abs
tiendra autremêt non : mais se on pense
que on ny proffitera riê ou ã par aduen
ture il en seroit pis/Et persecuteroit ou
auroit en haine celuy qui lenseigneroit
on nest point tenu de le corriger. fors
ceulx qui a ce ont offices publichs côme
iugez:car combien que le malfaicteur se
courrouce ou non il est a pugnir.Se ne

stoit p aduɇture q̃ p ce pluƨgrãƨ mescḃef
aduit a la cḃoſe publicq̃ et bieɲ cõmũ et
ſentɇt auſſi quãt le pecḃe eſt publicque.

℃Quant faire contre conſcience eſt
pecḃe moztel ou noɲ.

℧Dute perſonne qui a cõſcience fer
me daucune cḃoſe q̃ ſe ſoyt pecḃe
moztel ↄ eɲ ceſte ↄſcience elle le faict elle
pecḃe moztellement tãt ne ſoit ceſte cḃoꝛ
ſe eɲ ſop point mauuaiſe:ℳaiƨ Ɋne perꝛ
ſonne peult et doit ſouuɇt oſter telleƨ cõꝛ
ſcienceƨ faulſeƨ au ıugemɇt deƨ plˀ ſaige
et eſt a entɇdꝛe que oɲ dit cõſciɇce ferme:
car pour aucũƨ legierƨ doubteƨq̃ oɲa leſ
quelleƨ oɲ ne peult aulcũneſfoiƨ oſter: p
ne fault poĩt q̃ ce q̃ eſtdit ait icpↄlieu:puiƨ
que oɲ a cõſcience pluƨ fozt au contraire.

℃Comment de deuȝ maulȝ le
moindꝛe eſt a eſlire.

℧Duteſſoyƨ que la perſonne p ſoɲ
faict cḃiet eɲ telȝ lacȝ q̃lle ne peut
eſcḃapper ſanƨ pecḃer:elle doit laiſſer ce
qui eſt de ſop pire. ℃Comme ſe Ɋne perſõ
ne a iure de tuer autrup. Il ne doit tenir
ſoɲ ſerment et noɲ tuer autrup.Ainſi dp
e de touƨ ſermenƨ/promeſſeƨ/menaſſeƨ
(℃onf.)   ℒ

et veulz:par lesquelz on feroit pis en les
gardant que en les tenãt pour les aduẽ-
tures qui suruiennent ou pource que on
les a faictz follement.

℃Quant ignorance est peche.

Ignorãce peult venir ou par negli-
gence de nõ vouloir mettre peine a
scauoir ce q̃ on deue roit scauoir:ou affin
q̃ on en peche plus franchemẽt z licitemẽt
et telz ignorãces ne epcusent point le pe-
che:mais aucunesfois le font plus grãd:
et lautre ignorãce est quãt vne personne
a faict son debuoir selõ son estat z son en
tendemẽt de scauoir ce q̃ est a scauoir : et
touteffoys ne scet point tout ce q̃l seroit
a scauoir en sõ fait z tel ignorãce epcuse
tout le peche qme se vne psonne cupude
mẽger poissõ au vẽdredy z on luy a bail
le de la chair en sẽblãce de poissõ:la pson
ne ne peche poit pour en mẽger se autre
mẽt ne le scait z ainsi est en plusieurs cas
car ignorance de soy nest iamais peche
mais negligẽce ou cõtẽpnemeut scauoir
faict le peche.

℃Plusieurs enseignemẽs de cõfession.

On est tenu se cõfesser quãt on a peche mortellemẽt seullemẽt es cases

spute. Cest assauoir vne foys a pasqz p
lordonnãce de leglise. Secõdemẽt quant
on doit recepuoir le sacremẽt de lautel: ᵹ
selõ aucũs to⁹ sacremẽs. fors baptesme.
Tiercemẽt quãt on est en peril de mort se
lõ vray sẽblable coniecture ᵹ doute hu=
maine cõe en maladie ᵹ perilz de batailles
ᵹ de mer. Quartemẽt quãt on a cõfesseur
q̃ peult absoulbre de sespechez ᵹ on tiẽt q̃
iamais on ne laura fors a ᵱ sẽt: cõe peult
aduenir es cas reseruez auᵱ ᵱlatz. Quin
temẽt quãt on a ferme cõsciẽce que on se
doit cõfesser ᵹ on ne loste point. Et est ce
a entẽdre quãt on peut auoir prestre tel q̃
puisse absoulbre et q̃ ne soit point tel q̃ re
uele cõfession ou qui enborte a mal faire
la personne q̃ a luy se confesse: car en tel
cas on deuroit faire cõme q̃ nauroit poĩt
de prestre ᵹ fust mesmement son curé: et
cõbien que ceste matiere de cõfession soit
proffitable a longuement traicter neãt=
moins a cause de briefuete ie dictz premie
remẽt de pechẽ veniel on nest point tenu
te cõfesser cõ õtenque cest bienfaict ᵹ cho
se de perfection de sen confesser ᵹ pareille
ment ie dis des circonstances et cõditiõs

q̃ de foy ne font pechez mortelz itẽ on doit
celer le peche dautruy encõfeſſiõcõme on
Boudroit q̃ on celaſt le ſien ⁊ ne doit on
poit obeyr au cõfeſſeur q̃ le Bouldroit en
qrir:⁊p eſpecial ſe on ne ſcauoit biẽ q̃le cõ
feſſeur Boulſiſt proffiter a lautre:⁊nulle
mẽt luy nupre:cõe pour retraire autruy
de peche ſigulieremẽt Bors cõfeſſiõ ⁊ ſi ſe
neſtoit en cas ou lẽ ne peult dire ſõ peche
ſãs acuſer autruy itẽ q̃ na repẽtãce ceſt a
ſcauoir ppos ⁊ deſir de ſoy aſtenir de pe
che il neſt point abſoulz ⁊ ſe doit aps de
tout cõfeſſer:⁊ de ceſte faitiſe dauoir fait
le ſẽblãt dauoir bõne repẽtãce:mais ſelõ
aucũs il ſouffit q̃ on neuſt poit Bolunte
ßfapte de pecher itẽ eſt bõ de faire Briefs
ue cõfeſſion ſans faire lõg proces:ſelõ cõ
me racõtoit Bne faßle:⁊ ſouffit q̃ le cõfeſ
ſeur entende ſouffiſammẽt ce que la per
ſonne a faict et que on laiſſe ce qui ne ſert
point a la grãdeur du peche. Et par eſpe
cial gẽs qui ſe cõfeſſent ſouuent doiuent
aduiſer de quoy font conſciẽce eñ eſpecial
dire le demourãt eñ General et briefue
ment. Se neſtoyt par aduenture pour de
mander cõſeil et conſolation. Item ſou

nent auient q̃ la persõne ne scet daucunes
choses selle les a faictes ou non:et ne scet
aussi selle a peche mortellement ou nõ.et
en telz cas onse peut cõfesser par cõditiõ
en disant. Je fais doute de telle chose/ou
de la maniere du fait ou de lintentiõ en
tant que iay peche ie men confesse: car on
ne doit point mentir en confession ne af=
fermer ce dequoy on fait doute. Toutes=
fois cest bõne ⁊ seure chose den faire peni
tence:cõme qui en fust certain. Jtẽ se la
persõne sent par souuent soy confesser q̃l
le en a moindre deuotiõ a cause de la bon
ne coustume:elle se doit absterir pour au
cuntemps. Et pareillement de recepuoir
le corps nostre seigneur. Mais quil se sen
te de plus en plus proffiter : ⁊ auoir paix
pl⁹ grãde de cõscience par frequente cõfes
siõ ou cõmunionil se peult chascũ iour cõ
fesser:⁊ chascun iour cõmuniquer. Jtem
ne doibt point vne personne presumer q̃l
le se puisse et sache mettre entel estat par
force de ce confesser quelle ne trouue tous
iours de la pouldre des deffaulx venielz
car en se cõfessant mesmement peche on
souuẽt veniellemẽt. Si se trauailleroit la

personne en Bain qui trop se Boudroit en
telz deffaulx côfesser et soy trop arrester
enuers iceulx:car aussi de telz pechez Be
nielz on est qtte p plusieursautresmanie
res que confessiõ:côme de dire la pateno
stre ꝛbatre sa coulpe/ ꝗ autres seblables

℀ De la bonne creance de nostre foy.

Qute persõne qui a sens ꝗ discre
tiõ doit expꝛessemêt croire les ar
ticles de foy ꝗ les Beritez q̃ com
munemêt luy sôt preseĥez ꝗ annõꝛez tât
par lusage de saincte eglise cõe est ꝺ obser
uer les festes de cõmandement:côme au
cteurs ꝗ docteurs auctorisez:ou p sõ cure
côme cest a croire quil est Bn seul dieu en
trois persõnes qui a tout cree:ꝗ a iuste
ꝗ sage gouuernement de tout le monde/
Et ainsi des au tres articles ꝗ Beritez/ꝗ
ne doiuent point simples gens faire grã
des inquisitions de telz Beritez:mais les
croire humblement:car cest Bn tresmau
uais orgueil de nõ Bouloir soubzmettre
son entendement a croire ce q̃ dieu cõmã
ꝺe.Contre ce font ceulx qui murmurent
de ce q̃ dieu a faict a luy ce qui na poinꞇ a
lautre:côme sil estoit iniuste ou ne sceust

ql fist. Cõtre ce fõt sorciers ꝗ sorcieres/et
sil auient que lennemy te mette eȵ fanta
sies ꝗ pensees cõtre aucunes veritez de la
foy ꝗ que tu sêtes ꝗ tu ne le peulꝝ bouter
hoꝛs:nẽ tiẽs cõpte:mais ꝗ tãt seullement
tu ayes bõne volunte ꝗ bõ desir de croire
ce ꝗ est a croire ꝗ seloȵ ce ꝗ tu y es tenu:ꝗ
ceste bõne volunte te sera repute pour le
fait:et sera meritoire. Et ie ne dy point ꝗ
tu ne doiue pꝛier dieu tu soyes deliure de
telꝫ têtatiõs ꝗ auoir aussi aucunesfois cõ
seil des sages:cõbienque souuent nya au
tre cõseil ꝗ ce ꝗ dit est . Et cõme il fut res
põdu a sainct anthoine ꝗ vne fois se mist
a penser les diuers iugemens de dieu:cõ=
ment lung est boȵ et lautre est mauuais
cõme de gens sont eȵ dampnatioȵ au re=
gard des sauuez:ꝗ ainsi dautre iugemens
de dieu loꝛs luy fut dit:anthoine antoine
pẽse de toy ꝗ laisse a dieu conuertir auec=
ques ses creatures. Il est assez sage:boȵ:
ꝗ puissant pour faire ce qui est a faire sãs
ce que tu lenseignes/ꝗ que tu tentremes
le de ses secretz. Fais bieȵ ꝗ tu auras biẽ
et te suffise.

❡ Des excommunicatíons.

❡ iiii

Toute personne q̃ se laisse sciemmēt excōmunier et ny mest si tost reme
de a son absolution cōme bonnemēt elle
pourroit elle pecħe mortellement pour le
mesprisemēt de son prelat ⁊ auecħs ce pert
les biensfaitz de saincte eglise qui est hor-
rible perte:⁊ ce tāt q̃lle se repente ⁊ quelle
ape son absolution au moins dieu. Ce q̃
auient quāt la personne est excōmuniee
de leglise ⁊ny peut bonnement mettre re
mede a auoir son absolution si tost et elle
crie mercy adieu: elle nest point boutee de
ħors dauoir sa part des biēs q̃ se fōt gene
rallement en leglise cōbien quelle ne doit
poīt entrer au seruice ou faire autres cħo
ses a elle deffedues iusques a tant quelle
ape son absolution de leglise. Et doit on
euiter toutes persōnes excōmuniez de le
glise qui sont expressemēt telz denoncez ⁊
quon scet par ce estre telz: exceptez aucūs
cas cōme le scruiteur peut seruir son mai
stre excōmunie comme aussi on peut par
ler a eulx pour leur correction cōme aus
si encas d̃ derniere necessite ⁊ parcillemēt
daucuns autres cas.

      ⁋ Quel mal fait pecħe Venil.

Ombien q̃ p̃ pecħe Beniel noſte poĩt
a la grace de dieu:touteſſois p̃ luy Biē
nent pluſieurs et grans dommagespour
quoy on ſe doit aßſtenir a ſõ pouoir : car
on acquiert peine/ɋ en pert on autres biēs
a faire ɋ gaigner grãs merites/ɋ en cħet
on pluſtoſt enpecħe mortel. Et Brapmēt
Bn bon filʒ ne doit poĩt ſeullemēt ſe gar-
ßer de faire a ſon pere trapſõ telle p̃quoy
il p̃ße ſon auoir ɋ ſoit digne de mort:mais
ſe garße auſſi de faire toute cħoſe qui ne
ſoit poĩt a plaiſir:cõbiē auſſi q̃ en pluſieꝰs
cas(cõme dit eſt)on puiſſe faire aucunes
cħoſes mauuaiſes ſans pecħe mortel/o u
ſãsquelcõque pecħe p̃ ce que par bonne in
tētion ɋ en bõne fin on les fait cõe iap dit
de la louenge du mõße/ou de deſirer mal
tēpõꝛel a autruy:neãtmoins le bon ſerui
teur de dieu ſe doute plus deſtre deceu et
de faillir entel cas q̃ escas q̃ ſont cleremt
mauuais ɋ q̃ ne peuuent eſtre biēfaiscar
lēnemy ſcet biē que Bn bon ſeruiteur de
dieu iamaisne feroit Bne cħoſe q̃ ſauroit
Beritablemēt eſtre mauuaiſe ɋ pource il
ſefforce de couurir le mal ſoubʒ ſēblance
de biē cõme il enħoꝛte dauoir fauſce louē

ge soubz vmbre de euiter son diffame/ou
de proffiter a aultruy. Et de la viennent
mauluaise ventance et vaine excusation
Si voyez en coclusion ql nya rien seur en
ceste vie/pourtant se doit on humilier en
cremeur mesle auecq esperace dessoubz la
gouuernance de dieu nostre bo pere et atte
dre q on sera en teptatio tousiours iusq a
la derniere heure de la mort:cõe lafferme
lescripture et. S Anthoine le dit et nouble
voydsaux peulx chascun iour. Et ce est
cause suffisate de no⁹ tenir tousiours sur
nostre garde en vray cremeur et huilite/
cõe les prisõniers q attedent leur setence
chascue heure et ne scauent qlle elle sera:
ou qlle est au iugement de leur seigneur.
¶ Exemple general declarant qui est
peche veniel ou mortel.

Dur mieux entedre toute la matie
re dessusd:ie predray vn exeple cõpa
rat nostre ame a vne royne et dieu et vng
roy sõ espoux et lenemy defer au traicte et
pditeur du roy et les teptatiõs a vne sem
blace de ses messagers. Je prens q la roy
ne de frace soit auecq le roy ensa chãbre
cõe sõ espouse et amye singuliere viendra

vn varlet messager de p lēnemy du roy q̃
voudra pler a la royne pour la īduire(et en
cliner a delaisser le roy q̃ se dōner a ſõ en
nemy soit pour exēple le roy dangleterre
La royne ſe peut auoir en six mãieres en
uerßle meſſager q̃ la reꝗert de desßõneur
le ꝑmier estat est q̃lle ne vueille nedaigne
receuoir tel messager ne oyꝛ ſes polles ne
receuoir ſes dons:mais luy face treslaide
cheteꝛ le chaſſe ho2s delle ð ſõ hostel a hõ
te en diſãt fi de toy q̃ de tõ maistre fuiez a
icy ſuyez q̃ mal p ſoyez venu q̃ q̃ tantost
la royne ſe tourne au roy ſõ eſpouꝙ q̃ luy
die la grãße vilēnie que ſon enꝛemy luy
quier a faire/q̃ luy demanðe vengeance
q̃ de tant ſe tienð2a la royne plus p2es du
roy q̃ plus ferme en ſon amour en reꝗrãt
tousiours ſõ ayðe contre telz deslopaulx
meſſagers leſquelz ne daignera regarðer
la ſecõðe maniere peut estre q̃ la roynene
refuſera pas tãtost a ouyꝛ tel meſſagier
q̃ luy apo2tera aucuns dons par lēnemy
du roy ou aucune plaiſance / touteſfoys
luy deſplaist q̃l vīet q̃ aymeroit mieux q̃
on ne luy fist point telz p2eſēs ne telz meſ
ſages q̃ ne leſrecoipt pourt du tout:mais
ſeffo2ce a la parfinðe les rebouter.La iij.

maniere est q̃ la royne verra voluntiers
les preses ⁊ orra les polles du messager q̃
lenhorte adeshõneur ⁊ a delaisser son es=
poux le roy ⁊ cõsetir a sõ ennemy cõbien
q̃lle ne vousist poĩt acorder audit messa=
ger ce q̃l dmãde ne aller a lenemy du roy
mais pt bič a plaisir q̃ telles polles lup sõt
dictes ⁊ tiet sõ plemēt dedãs sa chãbre a
la psece du roy auec le d messager ⁊ ne lup
chault de le dire au roy ne de retourner
a lup poᵘ lup dmãder sõ ayde ēcõtre telz
desloyaux plemēs. La iiii maniere est q̃t
la royne cõset p telz polles ⁊ tasche d faire
la volũte du roy dãgleterre ⁊ recoit ses p
fes ⁊ fait bõ e chere au messager ⁊ deslors
cõmēce a delaisser du tout son espoux le
roy d frãce ⁊ se dõe a sõ ēnemy. La. v. ma
niere est q̃t la royne nest pas cõtēte seule
mēt d soy acorder a ce q̃ le roy dãgleterre
lup demãde ⁊ de receuoir sõ messager a bõ
ne chere: mais le va q̃rir d sõ bõ gre pour
la haine quelle a cõceue de sõ espoux ⁊ le
mauuais amour q̃lle a a sõ ēnemy auq̃l
elle sefforce de cõplaire ⁊ lē reqr cõme vne
garce effrõtee ⁊ folle fēme abãdõnee. La
v. maniere est q̃t la royne est tellemēt si

cheaudemenee en tel estatqme maitenãt
dit qpour qleq chose qonlup puiffedire ou
faire elle ne fe peult deptir ne pbature ne
p doulceur q fõ espoup lup face ne pdure
te quelcõcq q le ropdãgleterre lup mõstre
enfõ seruice ne pour hõte ne pour mena=
ces pour qlcõcq chose q lup dope aduenir
mais est obstineeœendurcie entre ces fip
mãieres la pmiere est bõe œ Vertueufe œ
plane dlouẽge entãt q la ropne garde fa
fop fa lopaute œ fõ amour œ apme le rop
mieulpq p auãt:p:la.ii.maniere la rop=
ne garde aufi fa fopœ fa lopaute ẽuers fõ
feigneur mais en ce fault elle quelle ne
chaffe point hors fi duremẽt fi tost œfi hõ
teufemẽt ce meffager qui la reqert de def
hõneur qme elle deuroit et en ce est fou=
uent pechhe Beniel iacoit ce q la roine ne=
pde point la grace d fõ espoup : mais ne
lup est poĩt fi plaifãte cõme pauãtpla.iũ
mãiere la ropne pechhe griefuemẽtœ treff
feighr quãt a la pfẽce elle opt Bolũtiers
les polles de fõ aduerfaire œ regarde fes
prefens œ p prẽt plaifãce mauuaife iacoit
quelle ne Beult point deptir de fonpmier
espoup pour fecõfẽtir au rop dãgleterre
et ence est fouuẽt pechhe mortel œ pert La

toÿne la grace de ſõ ſeigñr:car elle nedoi
prẽdre plaiſãce fors eÿ lup ne ſe m̃etre eÿ
perirdauoirg ſetemẽt aupmauuaiſeschõ
ſesdud rop dãgleēre:estrois autres mãi
res pt touſioᵉsla ropne la grace dz ſõ ſei
gñr e pis a la q̃nte mãiere q̃ a la.iiii. e la
Bi.q̃a la.B.car aloꝛßeſt tellemẽtla ropne
incoꝛriḃle q̃ elle eſt digne doccire ꝗ darßꝛe
ſãß remeße p ceſte eÿẽple ſi noᵒ p Boulõß
Biẽ pẽſer pourꝛõß noᵒmieulp Boir eÿcha
ſtũe tẽptatiõ quãt noᵒ pßߟ la grace de
dieu p pecße moꝛtel ꝗquãt nõ:car noᵒ de
uõß ſcauoir q̃ chaſcũe tẽptatiõ eſtle meſ
ſager de l̃enemp dẽfer q̃ noᵒ reḡert a cõ
ſẽtir alup/q̃ nꝛe ame pße ꝗ bꝛiſe la lopau
te q̃lle doit a dieu ſõ ſeigñr.ꝗ eſpoup ꝗ ſe
lõ q̃ reſiſte plᵒ au moißſelõ ce garße elle
pis ou mieulp ſa lopaute ꝗ la grace de ſõ
amp:ꝗſoit aßuiſer diligẽmẽt eÿchaſcũ pe
cße ceſte maniere de ſop auoir a reſiſter
ou cõſẽtir:ꝗ oÿ trouuera eÿ chaſcune des
ſiÿ manieres eſtee poſſible maiß la tierce
eſt la plᵒ foꝛte a bꝛẽ cõgnoiſtre:poᵉce q̃lle
eſt ẽtre deup manieres deſtatz deſq̃lz lũe
eſt pecße moꝛtel:t̃eſtaſſauoir la quarte ꝗ
lautre nõ:ꝗ eſt aſſauoir q̃ quant Bne chõ

se est deffendue sur peine de pech̃e mortel
a la faire par operatioȝ exterieure / et
neantmoinsla personne a consentement
parfaict eȝ soȝ cueur quelle Bouldroit
faire telle ȝpatiȝ exterieure selle auoit li
eu oũtẽps ou si ȝestoit pour hõte ou poȝ
doute:telle psõne pech̃e tousioursmortel
lemẽt ꝗ selle na poĩt tel ȝsẽtemẽt pfaict/
nrãtmõis elle demeure lõguemẽt a pẽser
a ce faiet.ꝗ luȝ est deffẽdu/ꝗ ȝ prẽt sa plai
sãce grãde ꝗdesordõnee:elle pech̃e mortel
lemẽt:mais nõ poĩt si griefuemẽt cõe pa
uãt:ꝗ si ĩestoit oeuurẽ ꝗ ne luȝ fut poĩt ꝺf
fẽdue sur peĩe de pech̃emortel : telle pẽsee
ne seroit point pech̃e mortel:cõme Bne fẽ
me mariee pourroit penser a soȝ mary ꝗ
est dehors ꝗ prendre plaisir eȝ luȝ souue
nant de sa compaignie:et comme aussȳ
Bne psõne poȝroit pẽser a la Biãde ꝗl mẽ
gera au diner ꝗ ȝ prẽdre plaisir sãs tel; pe
ch̃e mortel:car la plaisãce ou delectatioȝ
nest poĩt pech̃efors eȝ ce ꝗlle est deffẽdue:
ou que de soȳ attraict a chose defẽdue:eȝ
outre est acõsiꝺererenlepẽpl e deuãt dit
cõment la royne peult desirer estre touſ
iours eȝ la mour de sõ seigneur:ꝗ poutce

hait elle toute contraire a son amour ou
elle nayme point son seigneur/mais dou
te la peine et le courroux de luy ? Vou
droit quil fut arriere ou mort affin quel
le peult querir sa plaisence ailleurs. Au
premier estat sont les bons qui ayment
dieu pour sa bonté cōmè le bon filz son
pere: Au second estat sont ceulx qui tant
seullement pour doubte destre dampnez
se attiennent de malfaire ? Voudroyent
que dieu neust point puissance ou volun
te de les punir et quilz feissent contre ses
commandemens.

¶ Imprime a Paris pour Jehan bon
fōs demourant en la Rue neufue
noftre Dame a lymage
Sainct Nicolas.

www.ingramcontent.com/pod-product-compliance
Ingram Content Group UK Ltd.
Pitfield, Milton Keynes, MK11 3LW, UK
UKHW031751170726
13836UKWH00002B/971